おいしく作れる！
専門店の
シフォンケーキ

ラ・ファミーユ
小沢のり子

大泉書店

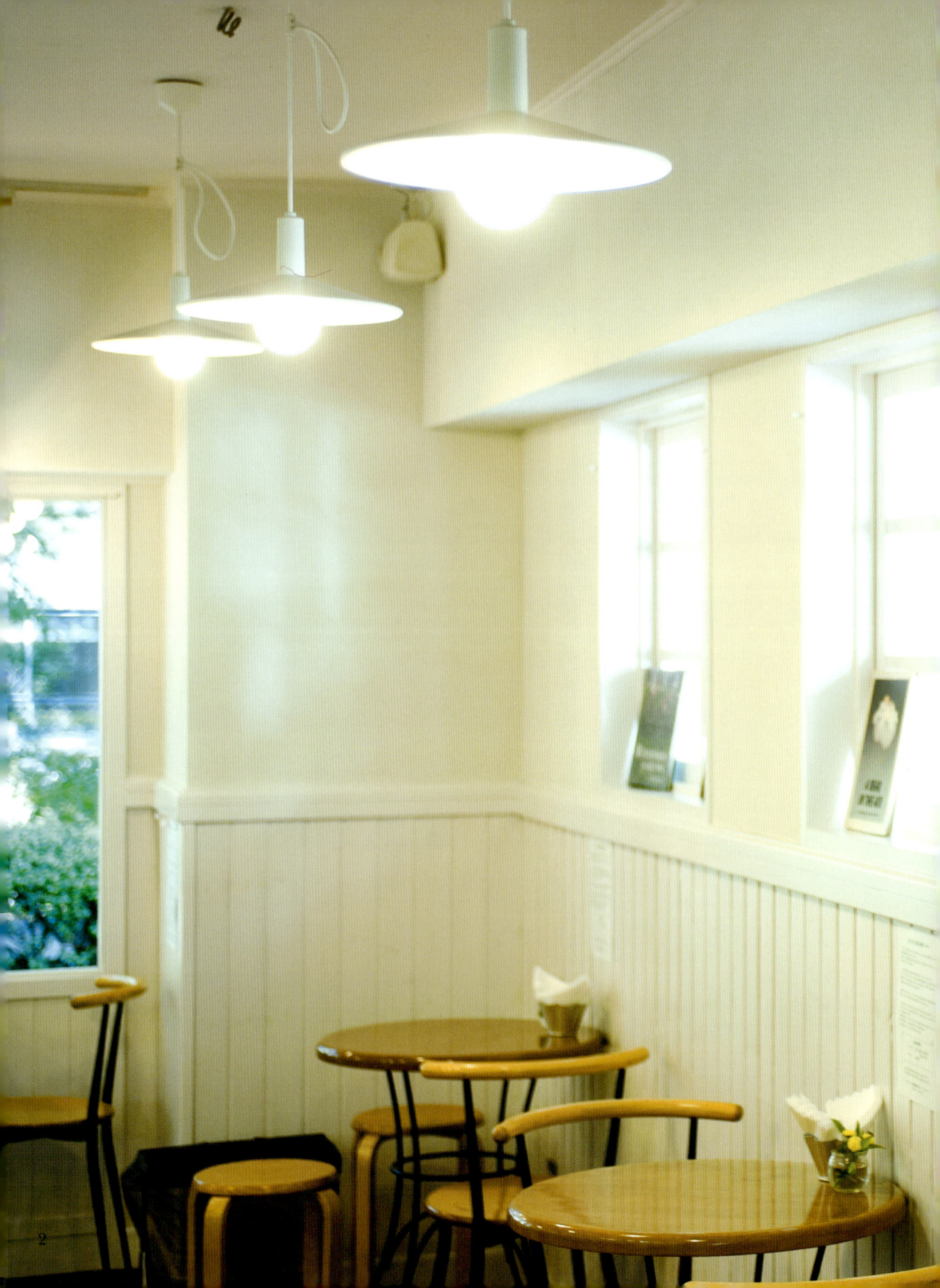

はじめに

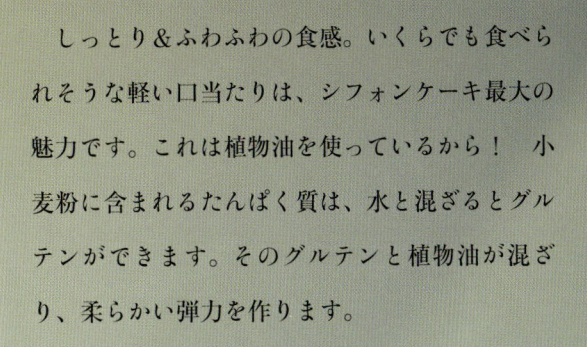

　しっとり&ふわふわの食感。いくらでも食べられそうな軽い口当たりは、シフォンケーキ最大の魅力です。これは植物油を使っているから！　小麦粉に含まれるたんぱく質は、水と混ざるとグルテンができます。そのグルテンと植物油が混ざり、柔らかい弾力を作ります。

　シフォン（chiffon）はフランス語ですが、アメリカで誕生したケーキです。1920年代後半にアメリカのハリー・ベーカー氏が考案。製粉会社が彼のレシピを買取り、ベーキングパウダーなどの食品添加物を入れたレシピが「家庭で簡単に作れるケーキ」として普及し、1950年後半から1960年にかけてアメリカ全土でブームになりました。

　「ラ・ファミーユ」のレシピは、アメリカの作り方を基本にした独自の作り方になっています。食品添加物を使わずに、卵白のコシと薄力粉のコシでふんわりと焼きあげる体にやさしいレシピです。

　自分で焼いたシフォンケーキの味は格別です。ぜひ楽しみながら作ってください。最初はちょっとうまくいかなくても、何度か作るうちにコツがわかってくるはずです。

　　　　　　　　　　　　　　　　小沢のり子

CONTENTS

- 3 　はじめに
- 6 　基本のプレーンシフォンケーキ
- 13 　保存方法＆保存期間の目安
- 14 　*Column*
  　　ラッピングアイデア1：ピース

part 1
手軽に作れるシフォンケーキ

- 16 　紅茶のシフォンケーキ
- 17 　シナモンのシフォンケーキ
- 20 　コーヒーのシフォンケーキ
- 21 　お茶のシフォンケーキ
- 24 　バナナのシフォンケーキ
- 25 　ドライフルーツのシフォンケーキ
- 28 　しょうがのシフォンケーキ
- 29 　にんじんのシフォンケーキ

- 32 　*Column*
  　　シフォンケーキをいただくときは

part 2
お店で人気のシフォンケーキ

- 34 　オレンジのシフォンケーキ
- 36 　チーズのシフォンケーキ
- 38 　フランボワーズのシフォンケーキ
- 40 　チョコレートのシフォンケーキ
- 42 　カプチーノのシフォンケーキ
- 44 　かぼちゃのシフォンケーキ
- 46 　ローズのシフォンケーキ
- 48 　いちごのシフォンケーキ

- 50 　*Column*
  　　ラッピングアイデア2：
  　　ホール（直径10cm型、直径17cm型）

この本のルール

- この本では、材料はgで表示しています。デジタルスケール(p.79)を使って材料表の分量通りにはかりましょう。

重量と体積の換算表

水(ぬるま湯)	100 g = 100 ㎖
植物油	100 g = 125 ㎖
生クリーム	100 g = 100 ㎖
牛乳	100 g = 95 ㎖

- 卵はM玉の場合、卵黄1個=約16g、卵白1個分=約36gです(p.78)。
- 生クリームは乳脂肪分40%前後の動物性のものを使用しています。
- オーブンは電気オーブンを使用しています。機種などによって差があるので、温度と時間は目安です。ご家庭のオーブンのクセをつかみましょう。オーブンはあらかじめレシピの設定温度に予熱してください。
- 電子レンジは600Wのものを使用しています。機種などによって差があるので、時間は目安です。500Wの場合は1.2倍を目安に加熱時間を調節してください。
- 薄力粉などの粉類のダマが気になるときは、泡立て器でダマを散らすように混ぜておきます。
- シフォンケーキの作り方は、基本的に直径17cmのシフォンケーキ型を基準にしています。直径20cm型で分量等が異なる場合は、(20cm型:○g)としています。

part 3 上級者向けのシフォンケーキ

52　チョコナッツのシフォンケーキ
54　アールグレイ&チョコのシフォンケーキ
56　ブルーベリーのシフォンケーキ
58　野菜のシフォンケーキ
60　栗のシフォンケーキ
62　ベリーのシフォンケーキ

シフォンケーキ生地で作る おいしいケーキ

64　いちごのケーキ
66　バレンタインケーキ
68　レイヤーケーキ
　　紅茶のシフォン×チョコレート生クリーム
　　かぼちゃ&シナモンのシフォン×生クリーム
70　お茶といちごのロールケーキ

72　シフォンケーキの失敗例と成功のコツ

74　シフォンケーキに合う クリーム&ソース
　　ホイップクリーム、フランボワーズクリーム
　　カスタードソース、チョコレートカスタードソース
　　レモンカスタードソース

76　デコレーションの基本&応用
　　チョコレート生クリームの作り方
　　オレンジピールの作り方

78　シフォンケーキ作りに必要な材料&道具

基本の
プレーンシフォンケーキ

弾力がありながらも、ふわふわと柔らかいシフォンケーキ。
驚くほどにキメ細やかで、心地よい舌ざわりがクセになります。
水と薄力粉と植物油をよく練り混ぜ、薄力粉のグルテンを引き出し、
卵白をピンとツノが立つまで泡立てるから味わえる食感なのです。
まず、プレーンシフォンケーキの作り方をマスターしましょう。
ホイップクリーム（p.75）や好みの果物を添えてもおいしくいただけます。

plain Chiffon cake

plain Chiffon cake
基本のプレーンシフォンケーキ

材料（1台分）	17cm	20cm
メレンゲ		
卵白	110g	180g
砂糖	55g	90g
コーンスターチ	5g	10g
卵黄生地		
卵黄	50g	80g
水（またはぬるま湯）	36g	60g
植物油	36g	60g
薄力粉	60g	100g
砂糖	12g	20g

＊水が冷たすぎると、乳化やグルテンの形成が不安定になるので、冷水ではなく人肌くらいがちょうどよい。

🕐 焼き時間（160℃前後）　約30分　約35分

下準備
・オーブンを温めておく。
・卵白は冷やしておく。
・薄力粉のダマが気になるときは、泡立て器でダマを散らすように混ぜておく（**a**）。

a

できあがりまでの時間
約60分

STEP 1
メレンゲを作る

1
ボウルに卵白を入れる。卵白のかたまり（写真）は泡立てても空気が入りにくく、膨らみが悪い原因となるので、軽くほぐす。

2
ハンドミキサーをボウルに垂直に立て、卵白全体に羽があたるように動かし、[低速]で**1**のかたまりをほぐす。

Point
ほぐしすぎると卵白のコシがなくなってしまうので、ほぐしすぎないこと

3
[低速]を[高速]に変え、卵白が固くなるまで泡立てる。

Point
ハンドミキサーは卵白にまんべんなく触れるように動かし、泡立てる

plain Chiffon cake

4
ハンドミキサーの羽で持ち上げたとき、ツノがピンと立つまで泡立てる。

5
砂糖を大さじ1くらい加え、[高速]で4のようにツノが立つまで泡立てる。これを繰り返す。

Point
砂糖は卵白の泡を消す作用があるが、できた泡を強くする働きも。少しずつ加え、そのつどしっかり泡立てる

6
最後に加える砂糖と一緒にコーンスターチを加え、[高速]で4のようにしっかり泡立てる。

7
ツノがしっかり立ったら、ハンドミキサーをボウルに垂直に立て、[低速]でゆっくり4～5周回す。

Point
大きな泡を壊して小さく揃えることで、泡が消えにくく、衝撃に強いメレンゲになる

STEP 2
卵黄生地を作る

8
別のボウルに卵黄、水、植物油、薄力粉を入れる。ハンドミキサーをボウルに垂直に立て、[低速]または[中速]で一定方向に回しながら、粘り気がでるまで空気を入れないように練り混ぜる。
＊羽に卵白がついたままのミキサーを使っても構わない。

Point
水と油を混ぜる(=乳化させる)ときは、必ず一定方向に混ぜる。方向を変えたり、強い力で混ぜすぎたりすると乳化力が弱まる

おいしさの決め手 1
水と油の乳化
水と油は混ざりにくいので、よく混ぜて乳化させる。十分に乳化したかどうかは、目で判断できないが、一定方向に回して混ぜると十分に乳化するので、方向に気をつけること。

9

ハンドミキサーの羽で持ち上げたとき、生地に粘り気がある状態になるまで練り混ぜる。砂糖を加え、溶けるまで8と同様に混ぜる。

Point
練り混ぜて、小麦粉からグルテンを形成する。グルテンが油と混ざることで、柔らかく弾力のある生地になる

10

ボウルの側面についている生地をゴムべらで集め、一定方向に混ぜる。

STEP 3
メレンゲと卵黄生地を混ぜ合わせる

11

7のメレンゲの状態を確認する。
＊泡立てておいたメレンゲが、ボソボソとしてキメが粗くなっていたり（写真右）、水分が出てゆるくなったりするのは悪い状態。泡立て方がよくなかったということ。再度ツノが立つまで泡立て、7を行う。

Good!　　Bad

12

泡締めをする。ボウルに対して泡立て器を垂直に立て、手を支点にして卵白の中で羽を回すようにして混ぜる。手応えを感じたらやめる。

a

b

Point
泡立て器は、写真a、bどちらの持ち方でも構わない

13

12のように泡締めしたあとのメレンゲの状態。

おいしさの決め手 2
コシのあるメレンゲ

空気をたっぷり含み、小さな気泡ができたメレンゲが理想の状態。焼くと空気が熱で膨張する。その空気を覆っている膜（＝卵白）が強いと、キメが細かく、弾力がありながらもふわふわと柔らかく仕上がる。

plain Chiffon cake

14
10の卵黄生地に13のメレンゲを同じくらいの量、加える。

15
ゴムべらで生地をすくい上げるようにして混ぜ合わせる。ボウルを回しながら混ぜると混ざりやすい。

Point
ゴムべらをボウルに沿わせすぎると、生地が回るだけで混ざらない。ゴムべらがボウルの底中央に当たったら持ち上げるようにして混ぜるとよい

16
残りのメレンゲは再度**11〜13**をやってから、**15**の生地を加える。

17
15のようにゴムべらで生地をすくい上げるように混ぜ合わせる。メレンゲが見えなくなったあと、生地が少しゆるくなるまで混ぜる。

STEP 4
型に生地を流し入れ、焼く

18
型に生地を流し入れる。

Point
型の筒部分にボウルをのせると流し入れやすい

生地がよい状態だと、自然に生地がゆっくり流れる。

19
型の縁を持ってゆすり、生地の表面を平にならす。

20

温めておいたオーブンで焼く。焼けていたらオーブンからすぐに取り出す。

Point
シフォンケーキをオーブンに入れたまま竹串を刺して生地がついてこなければ、焼きあがり！ 生地がついてくるときは、1〜2分おきに様子を見ながら焼く

21

型ごと逆さにして、完全に冷めるまで室温においておく。

Point
筒の内側を触って温かくなければOK

おいしさの決め手 3
逆さにして ふわふわキープ

シフォンケーキの生地は膨らみやすい反面、縮みやすいもの。生地の中の水蒸気が下にたまると、生地が沈んでしまう。逆さにして完全に冷ますことで、水蒸気を逃がして焼き縮みを防ぐことができる。

22

型に入れたままポリ袋に入れて冷蔵庫でひと晩（10時間以上）寝かせる。

Point
ひと晩おくと、味がなじんでおいしくなる。また、生地がしっかりして型から取り出したり、デコレーションしたりしやすくなる

STEP 5
型から出す

23

生地の縁に指先をおき、下にゆっくりと押し、少し手前に引く。これを1周行う。

Point
シフォンケーキは型から取り出して長くおくと縮みやすい。食べる直前に取り出すと、ふわふわな状態が味わえる

plain Chiffon cake

24
筒の周りに指先をおき、下にゆっくりと押す。これを1周行う。

25
筒の部分を下から押し、側面と筒の生地がはがれているかを確認しながら、型から取り出す。

26
逆さにして、膨らみを戻す。

27
台にのせ、側面の生地を手のひらで包み込むようにして、ゆっくりと押しながら筒部分が見えるまでひっぱって、生地をはがす。これを1周行う。

28
ひっくり返して型を抜き取る。底面を上にしておく。

（保存方法＆保存期間の目安）

保存方法
乾燥しないようにポリ袋に入れたり、ラップで包んだりしましょう。ラップで包むときは、生地をつぶさないように気をつけて！ 乾燥を避け、保存します。ただし、すぐに食べないときや暑い時期は、冷蔵庫で保存してください。冷凍保存も可能です。食べる前に自然解凍しましょう。

ホール
型に入れたままポリ袋に入れ、しっかり口をとじましょう。

ピース
小分けにしてラップで包み、密閉容器に入れて保管します。

保存の目安
食べごろは焼いた翌日。デコレーションしていない状態で4〜5日以内に食べてください。冷凍庫での保存の目安は2週間前後。解凍したケーキは、その日のうちに食べ切りましょう。

シフォンケーキをオーブンペーパーや
ワックスペーパーで包み、マスキング
テープで留めます。

Wrapping 1

Wrapping 2

🎀 Column
ラッピングアイデア 1

ホールだと多すぎたり、大勢に分けたいときは、
ピースで贈りましょう。
おすそ分けならカジュアルなラッピングでも。

シフォンケーキをラップやセロファンで包みます。
かごに紙ナプキンを敷き、シフォンケーキと瓶に
入れたクリームやジャムを入れます。

シフォンケーキをラップ等で包み、紙袋に入れます。入り口を折り、穴あけパンチで穴をあけ、その穴に裂いた布を通して、持ち手風に。布の代わりに、リボンや麻ひもでもすてきです。

Wrapping 3

Wrapping 4

シフォンケーキをラップ等で包み、ろう引きの袋
に入れます。同じろう引きの袋を上からかぶせて
箱の形にし、麻ひもを十字にかけてリボン結びを
します。メッセージカードを添えて。

part 1
手軽に作れる
シフォンケーキ

紅茶のシフォンケーキ

香り豊かなフレーバーティで作るシフォンケーキ。
ふわふわ食感のあと、紅茶の風味が口いっぱいに広がります。

シナモンのシフォンケーキ

マイルドなシナモン風味が豊かに香ります。
プレーンシフォンケーキに次いで手軽なので、ぜひ作ってください。

紅茶のシフォンケーキ

材料（1台分）	17cm	20cm
メレンゲ		
卵白	110 g	180 g
砂糖	55 g	90 g
コーンスターチ	5 g	10 g
卵黄生地		
卵黄	40 g	70 g
水（またはぬるま湯）	36 g	60 g
植物油	36 g	60 g
薄力粉	55 g	90 g
砂糖	12 g	20 g
紅茶（茶葉）	6 g	10 g

＊オレンジピールとローズ、マリーゴールドなどが入ったフレーバーティを使用。アールグレイなど好みのフレーバーティでも。

焼き時間（160℃前後）　約30分　約35分

下準備

・オーブンを温めておく。
・卵白は冷やしておく。

作り方

1. 紅茶の茶葉はミルサーで挽くか、すり鉢ですって細かくし、茶こしでふるう。
   ＊粉末になるまで細かくしないこと。茶こしでふるい、落ちたもののみ使用する。

2. メレンゲを作る（p.8-9参照）。

3. 別のボウルに卵黄、水、植物油、薄力粉を入れる。ハンドミキサー［低速］または［中速］で一定方向に回しながら、生地に粘り気がでるまで練り混ぜる。砂糖を加え、溶けるまで混ぜる。**1**を加えてゴムべらで軽く混ぜ合わせる。

4. **2**のメレンゲを泡締めする（p.10参照）。

5. メレンゲと**3**の卵黄生地を混ぜ合わせる（p.10-11参照）。

6. 型に生地を流し入れ、温めておいたオーブンで焼く。冷ましてから冷蔵庫でひと晩寝かせ、型から取り出す。

シナモンのシフォンケーキ

材料（1台分）

	17cm	20cm
メレンゲ		
卵白	110 g	180 g
砂糖	55 g	90 g
コーンスターチ	5 g	10 g
卵黄生地		
卵黄	40 g	70 g
水（またはぬるま湯）	36 g	60 g
植物油	36 g	60 g
薄力粉	55 g	90 g
砂糖	12 g	20 g
シナモンパウダー	4 g	6 g

🕐 焼き時間(160℃前後)　約30分　約35分

下準備

・オーブンを温めておく。
・卵白は冷やしておく。

作り方

1 メレンゲを作る(p.8-9参照)。

2 別のボウルに卵黄、水、植物油、薄力粉を入れる。ハンドミキサー[低速]または[中速]で一定方向に回しながら、生地に粘り気がでるまで練り混ぜる。砂糖を加え、溶けるまで混ぜる。シナモンパウダーを加え、泡立て器で一定方向に混ぜ合わせる。

3 **1**のメレンゲを泡締めする(p.10参照)。

4 メレンゲと**2**の卵黄生地を混ぜ合わせる(p.10-11参照)。

5 型に生地を流し入れ、温めておいたオーブンで焼く。冷ましてから冷蔵庫でひと晩寝かせ、型から取り出す。

Arrangeのコツ　粉末を加える

紅茶のシフォンでは細かくした紅茶の茶葉を、シナモンのシフォンではシナモンパウダーを加えます。どちらのシフォンも水分量に変化がないので、プレーンシフォン同様に作りましょう。

コーヒーのシフォンケーキ

インスタントコーヒーを入れるだけで、驚きのおいしさに！
ほのかな苦みがクセになります。

お茶のシフォンケーキ

お茶のグリーンがマーブル模様で入ったきれいなケーキ。
抹茶を使ってもおいしくできます。

コーヒーのシフォンケーキ

材料（1台分）

	17cm	20cm
メレンゲ		
卵白	110g	180g
砂糖	55g	90g
コーンスターチ	5g	10g
卵黄生地		
卵黄	40g	70g
水（またはぬるま湯）	36g	60g
植物油	36g	60g
薄力粉	55g	90g
インスタントコーヒー（粉末）	2g	3g
砂糖	12g	20g
A インスタントコーヒー（粉末）	3g	5g
水	3g	5g

焼き時間（160℃前後）　約30分　約35分

下準備

・オーブンを温めておく。
・卵白は冷やしておく。

作り方

1 メレンゲを作る(p.8-9参照)。

2 別のボウルにAを溶く。水の中にインスタントコーヒーを加えると溶きやすい。

3 別のボウルに卵黄、水、植物油、薄力粉、インスタントコーヒーを入れる。ハンドミキサー[低速]または[中速]で一定方向に回しながら、生地に粘り気がでるまで練り混ぜる。砂糖を加え、溶けるまで混ぜる。

4 **1**のメレンゲを泡締めする(p.10参照)。

5 メレンゲと**3**の卵黄生地を混ぜ合わせる(p.10-11参照)。

6 **5**の生地を120g（20cm型：200g）取り、**2**を加えてゴムべらで混ぜる。

7 残りの**5**の生地に**6**の生地を加えてゴムべらで切るように数回混ぜ、マーブル模様を作り、型に流し入れる。温めておいたオーブンで焼く。冷ましてから冷蔵庫でひと晩寝かせ、型から取り出す。

Arrangeのコツ　粉末を溶いて加える

コーヒーシフォンとお茶のシフォンは、紅茶のシフォン(p.16)やシナモンのシフォン(p.17)のように粉末をそのまま生地に混ぜるのではなく、粉末状のものを水でよく溶いてから加えます。

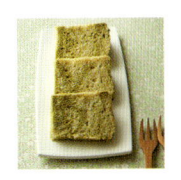

お茶のシフォンケーキ

材料（1台分）

		17cm	20cm
メレンゲ			
卵白		110g	180g
砂糖		55g	90g
コーンスターチ		5g	10g
卵黄生地			
卵黄		40g	70g
水（またはぬるま湯）		36g	60g
植物油		36g	60g
薄力粉		55g	90g
A	緑茶（粉末）	2g	3g
	水	6g	9g
B	緑茶（粉末）	2g	3g
	水	6g	9g

🕐 焼き時間（160℃前後） 約30分 約35分

下準備

・オーブンを温めておく。
・卵白は冷やしておく。
・緑茶は茶こしでふるっておく（**a**）。

作り方

1 メレンゲを作る（p.8-9参照）。

2 別のボウルに**A**を溶く。水の中に緑茶（粉末）を加えてやさしく混ぜて溶かす。**B**の緑茶も同様に水に溶いておく。
＊緑茶は湯で溶くと渋みが出るので、必ず水で溶く。また激しく混ぜても渋みが出るので注意。

3 別のボウルに卵黄、水、植物油、薄力粉を入れる。ハンドミキサー［低速］または［中速］で一定方向に回しながら、生地に粘り気がでるまで練り混ぜる。

4 **1**のメレンゲを泡締めする（p.10参照）。

5 メレンゲと**3**の卵黄生地を軽く混ぜ合わせる（p.10-11参照）。
＊メレンゲが少し残っているくらいで構わない。

6 **A**の緑茶に**5**の生地を加えてゴムべらで混ぜる。

7 **6**の生地を120g（20cm型：200g）取り、**B**の緑茶を加えてゴムべらで混ぜる。

8 残りの**6**の生地はメレンゲが見えなくなり、少しゆるくなるまでゴムべらで混ぜ合わせる。ここに**7**の生地を加えてゴムべらで切るように数回混ぜ、マーブル模様を作り、型に流し入れる。温めておいたオーブンで焼く。冷ましてから冷蔵庫でひと晩寝かせ、型から取り出す。

バナナのシフォンケーキ

バナナの自然な甘みが楽しめるシフォンケーキ。
完熟バナナを使うのがおいしく作る秘訣です。

Chiffon Cakes part 1

ドライフルーツのシフォンケーキ

レーズン、杏、オレンジピールなどのドライフルーツがたっぷり。
くるみを入れることで食感に変化がでて、さらにおいしく仕上がります。

バナナのシフォンケーキ

材料(1台分)

	17cm	20cm
メレンゲ		
卵白	110 g	180 g
砂糖	55 g	90 g
コーンスターチ	5 g	10 g
卵黄生地		
卵黄	40 g	70 g
水(またはぬるま湯)	20 g	30 g
植物油	40 g	70 g
バナナ(つぶしたもの)	55 g	90 g
薄力粉	55 g	90 g
バナナ(刻んだもの)	85 g	140 g

🕐 焼き時間(160℃前後)　約40分　約45分

下準備
・オーブンを温めておく。
・卵白は冷やしておく。
・バナナは、55 g(20cm型:90 g)をフォークなどでつぶし(**a**)、85 g(20cm型:140 g)を6〜7mm角に粗く刻んでおく(**b**)。

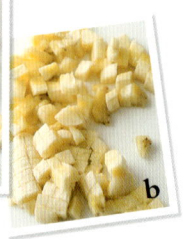

作り方

1 メレンゲを作る(p.8-9参照)。

2 別のボウルに卵黄、水、植物油、バナナ(つぶしたもの)を入れる。ハンドミキサー[低速]または[中速]で一定方向に回しながら、軽く混ぜる。薄力粉を加えて[低速]または[中速]で一定方向に回しながら、生地に粘り気がでるまで練り混ぜる。

3 **2**にバナナ(刻んだもの)を加えて、ゴムべらでからめるように軽く混ぜ合わせる。

4 **1**のメレンゲを泡締めする(p.10参照)。

5 メレンゲと**3**の卵黄生地を混ぜ合わせる(p.10-11参照)。

6 型に生地を流し入れ、温めておいたオーブンで焼く。冷ましてから冷蔵庫でひと晩寝かせ、型から取り出す。

ドライフルーツのシフォンケーキ

材料（1台分）

	17cm	20cm
メレンゲ		
卵白	110 g	180 g
砂糖	55 g	90 g
コーンスターチ	5 g	10 g
卵黄生地		
卵黄	40 g	70 g
水（またはぬるま湯）	36 g	60 g
植物油	36 g	60 g
薄力粉	55 g	90 g
ドライフルーツのラム酒漬け（正味）	120 g	200 g
くるみ	20 g	30 g

＊レーズン、杏、オレンジピールなど好みのドライフルーツ。杏、オレンジピールは5mm角に刻み、レーズンとともに最低1週間ラム酒に漬けておく。

🕐 焼き時間（160℃前後）　約40分　約45分

下準備

・オーブンを温めておく。
・卵白は冷やしておく。
・くるみは粗く刻んでおく。

作り方

1. メレンゲを作る（p.8-9参照）。

2. 別のボウルに卵黄、水、植物油、薄力粉を入れる。ハンドミキサー[低速]または[中速]で一定方向に回しながら、生地に粘り気がでるまで練り混ぜる。

3. **2**にドライフルーツのラム酒漬けとくるみを加え、ゴムべらでからめるように軽く混ぜ合わせる。

4. **1**のメレンゲを泡締めする（p.10参照）。

5. メレンゲと**3**の卵黄生地を混ぜ合わせる（p.10-11参照）。

6. 型に生地を流し入れ、温めておいたオーブンで焼く。冷ましてから冷蔵庫でひと晩寝かせ、型から取り出す。

Arrange のコツ　固形物を加える

バナナやドライフルーツなど、生地に固形物を加えると、沈んだり（p.73）、生地が固形物の重さで膨らみにくくなったりするので、メレンゲをしっかり立てましょう。

しょうがのシフォンケーキ

しょうがのさわやかな風味がクセになるおいしさです。
刻んだしょうががふわふわシフォンの食感のアクセントになっています。

にんじんのシフォンケーキ

ほんのり色づいたシフォンケーキは、にんじんが入っていてヘルシー！
オレンジの皮でにんじん特有の匂いがなくなり、やさしい香りに仕上がっています。

しょうがのシフォンケーキ

材料（1台分）

	17cm	20cm
メレンゲ		
卵白	110 g	180 g
砂糖	55 g	90 g
コーンスターチ	5 g	10 g
卵黄生地		
卵黄	40 g	70 g
水（またはぬるま湯）	36 g	60 g
植物油	36 g	60 g
薄力粉	60 g	100 g
しょうがのはちみつ漬け	50 g	75 g

＊しょうが40g（20cm型：60g）は細かく刻んで電子レンジで1分ほど加熱し、しょうががひたるまではちみつを加えて最低2日間漬けておく（a）。冷蔵庫で1〜2か月保存できる。

🕐 焼き時間（160℃前後）　約35分　約40分

下準備

・オーブンを温めておく。
・卵白は冷やしておく。

作り方

1. しょうがのはちみつ漬けは茶こしなどで漬け汁をきる。しょうがは40g（20cm型：60g）、漬け汁は6g（20cm型：10g）を使用する。
＊余った漬け汁は、水やサイダー、アルコールで割って飲むとおいしい。

2. メレンゲを作る（p.8-9参照）。

3. 別のボウルに卵黄、水、植物油、**1**の漬け汁、薄力粉を入れる。ハンドミキサー[低速]または[中速]で一定方向に回しながら、生地に粘り気がでるまで練り混ぜる。

4. **3**に**1**のしょうがを加えて、ゴムべらで軽く混ぜ合わせる。

5. **2**のメレンゲを泡締めする（p.10参照）。

6. メレンゲと**4**の卵黄生地を混ぜ合わせる（p.10-11参照）。

7. 型に生地を流し入れ、温めておいたオーブンで焼く。冷ましてから冷蔵庫でひと晩寝かせ、型から取り出す。

にんじんのシフォンケーキ

材料(1台分)

	17cm	20cm
メレンゲ		
卵白	110 g	180 g
砂糖	55 g	90 g
コーンスターチ	5 g	10 g
卵黄生地		
卵黄	40 g	70 g
水(またはぬるま湯)	36 g	60 g
植物油	36 g	60 g
にんじんのすりおろし	50 g	80 g
オレンジの皮	½個分	1個分
薄力粉	60 g	100 g

🔸 焼き時間(160℃前後)　約35分　約40分

下準備

・オーブンを温めておく。
・オレンジはよく洗い、皮をすりおろす。オレンジの皮の白い部分は苦いので、表面のみを軽くすりおろす。
・卵白は冷やしておく。

作り方

1 メレンゲを作る(p.8-9参照)。

2 別のボウルに卵黄、水、植物油、にんじんのすりおろし、オレンジの皮を入れ、泡立て器で一定方向に回して混ぜる。

3 2に薄力粉を加え、ハンドミキサー[低速]または[中速]で一定方向に回しながら、生地に粘り気がでるまで練り混ぜる。

4 1のメレンゲを泡締めする(p.10参照)。

5 メレンゲと3の卵黄生地を混ぜ合わせる(p.10-11参照)。

6 型に生地を流し入れ、温めておいたオーブンで焼く。冷ましてから冷蔵庫でひと晩寝かせ、型から取り出す。

Arrange のコツ　固形物を加える

固形物を加えると、少し難しくなるシフォンケーキですが(p.27)、刻んだり、すりおろしたりすると卵黄生地に混ざりやすくなり、失敗しにくくなります。

Column
シフォンケーキをいただくときは

シフォンケーキには、生クリームやカスタードソースがよく合います。
◆生クリームの泡立て方→p.75　　◆カスタードソースの作り方→p.75

チョコレートのシフォンケーキ
×
フランボワーズクリーム

コクのあるチョコレートのシフォンケーキ(p.40)に、さわやかな酸味のフランボワーズクリーム(p.74)と、フランボワーズの実、ミントの葉を添えました。

バナナシフォンケーキ
×
チョコレートカスタードソース

自然な甘さのバナナのシフォンケーキ(p.24)に、濃厚なチョコレートカスタードソース(p.74)を合わせ、バナナのスライスとミントの葉を飾りました。

シフォンケーキの切り方

シフォンケーキは上から押さえて切ると、つぶれてしまいます。上からナイフをあて、前後に動かしながらナイフの重さで切りましょう。
デコレーションしてあるときは、ナイフをお湯で温めて清潔な布で水けを拭きとってから切ります。

part 2

お店で人気の
シフォンケーキ

オレンジのシフォンケーキ

口いっぱいにオレンジの香りが広がるシフォンケーキ。
自家製オレンジピールは保存できるので、ぜひお試しを！

Chiffon Cakes　part2

お店では……

生クリーム150 g（20cm型：200 g）と砂糖13 g（20cm型：18 g）を泡立て、好みでオレンジのお酒（グランマルニエ、オレンジキュラソーなど）を加える(p.75参照)。パレットナイフでぬり、模様をつける(p.76参照)。スライスしたオレンジとミントの葉各適量を飾る。

材料（1台分）	17cm	20cm
メレンゲ		
卵白	110 g	180 g
砂糖	55 g	90 g
コーンスターチ	5 g	10 g
卵黄生地		
卵黄	40 g	70 g
水（またはぬるま湯）	12 g	20 g
オレンジ果汁	30 g	50 g
植物油	36 g	60 g
薄力粉	60 g	90 g
オレンジピール	120 g	200 g

＊市販のオレンジピールを使うときは、有機農法で作られたものを2〜3mm角に刻んで使用する。作り方はp.77参照。

オレンジのシロップ煮	1½枚	2枚

＊オレンジのシロップ煮は、小鍋に砂糖40 g、水120 gを入れて沸騰させ、オレンジの薄切り（2mm厚さ）1½枚（20cm型：2枚）を加える。オレンジの白いところが透明になるまで弱火で煮る。そのまま冷まし、冷蔵保存する。

🕒 焼き時間(160℃前後)　約35分　約40分

下準備

・オーブンを温めておく。
・卵白は冷やしておく。

作り方

1. メレンゲを作る(p.8-9参照)。
2. 別のボウルに卵黄、水、オレンジ果汁、植物油、薄力粉を入れる。ハンドミキサー[低速]または[中速]で一定方向に回しながら、生地に粘り気がでるまで練り混ぜる。オレンジピールを加え、ゴムべらで軽く混ぜ合わせる。
3. **1**のメレンゲを泡締めする(p.10参照)。
4. メレンゲと**2**の卵黄生地を混ぜ合わせる(p.10-11参照)。
5. オレンジのシロップ煮は水けをきって1枚あたり6等分に切り、型の底と側面に貼り付ける。型に生地を流し入れ、温めておいたオーブンで焼く。冷ましてから冷蔵庫でひと晩寝かせ、型から取り出す。

チーズの
シフォンケーキ

チーズの塩味は朝食にもぴったり。
オーブントースターで軽く焼くと、チーズが溶けて
さらにおいしくなります。

材料（1台分）

	17cm	20cm
メレンゲ		
卵白	110 g	180 g
砂糖	55 g	90 g
コーンスターチ	5 g	10 g
卵黄生地		
卵黄	40 g	70 g
水（またはぬるま湯）	36 g	60 g
植物油	36 g	60 g
薄力粉	60 g	90 g
エダムチーズ（粉末）	30 g	50 g
エダムチーズの角切り（5～7mm角）	40 g	70 g

🕐 焼き時間（160℃前後）　約30分　約35分

下準備

・オーブンを温めておく。
・卵白は冷やしておく。

作り方

1. メレンゲを作る（p.8-9参照）。

2. 別のボウルに卵黄、水、植物油、薄力粉を入れる。ハンドミキサー［低速］または［中速］で一定方向に回しながら、生地に粘り気がでるまで練り混ぜる。

3. 2にエダムチーズ（粉末）を加え、ゴムべらで軽く混ぜ合わせる。

4. 1のメレンゲを泡締めする（p.10参照）。

5. メレンゲと3の卵黄生地を混ぜ合わせる（p.10-11参照）。

6. エダムチーズの角切りに薄力粉（分量外）をまぶし、5に加え（余った粉は加えない）、ゴムべらで生地全体に散らすように軽く混ぜ合わせる。

7. 型に生地を流し入れ、温めておいたオーブンで焼く。冷ましてから冷蔵庫でひと晩寝かせ、型から取り出す。

フランボワーズのシフォンケーキ

お店でダントツの人気!! 赤いフランボワーズのかわいらしさと
やさしい酸味、プチプチとした食感が魅力です。

Chiffon Cakes part2

お店では……

生クリーム150 g（20cm型：200 g）と砂糖13 g（20cm型：18 g）を少しゆるめに泡立て（p.75参照）、フランボワーズピューレ20 g（20cm型：30 g）を加えてゴムべらで混ぜ合わせる。¾量を表面にパレットナイフでぬり（p.76参照）、残りを星口金をつけた絞り袋に入れて絞る（p.77参照）。フランボワーズ、ミントの葉各適量を飾る。

材料（1台分）

	17cm	20cm
メレンゲ		
卵白	110 g	180 g
砂糖	55 g	90 g
コーンスターチ	5 g	10 g
卵黄生地		
卵黄	40 g	70 g
水（またはぬるま湯）	36 g	60 g
植物油	36 g	60 g
レモン汁	3 g	5 g
薄力粉	55 g	90 g
砂糖	12 g	20 g
フランボワーズ（冷凍）	55 g	90 g

焼き時間（160℃前後）　約40分　約45分

下準備

・オーブンを温めておく。
・卵白は冷やしておく。

作り方

1. フランボワーズは冷凍のまま1粒を4～6等分に手で割り、薄力粉（分量外）をまぶす。使う直前まで冷凍庫に入れておく。

2. メレンゲを作る（p.8-9参照）。

3. 別のボウルに卵黄、水、植物油、レモン汁、薄力粉を入れる。ハンドミキサー[低速]または[中速]で一定方向に回しながら、生地に粘り気がでるまで練り混ぜる。砂糖を加え、溶けるまで混ぜる。

4. **2**のメレンゲを泡締めする（p.10参照）。

5. メレンゲと**3**の卵黄生地を混ぜ合わせる（p.10-11参照）。

6. **1**の薄力粉をまぶしたフランボワーズを**5**に加え（余った粉は加えない）、ゴムべらで生地全体に散らすように軽く混ぜ合わせる。

7. 型に生地を流し入れ、温めておいたオーブンで焼く。冷ましてから冷蔵庫でひと晩寝かせ、型から取り出す。

チョコレートのシフォンケーキ

ココアパウダーがたっぷり入っているので、チョコレートのコクが存分に味わえます。
ホイップクリームを添えると、格別のおいしさです。

お店では……

生クリーム150 g（20cm型：200 g）と砂糖13 g（20cm型：18 g）を泡立て（p.75参照）、パレットナイフでぬり、模様をつける（p.76参照）。上面に削ったチョコレート（p.67参照）適量をのせる。

材料（1台分）	17cm	20cm
メレンゲ		
卵白	110 g	180 g
砂糖	55 g	90 g
コーンスターチ	5 g	10 g
卵黄生地		
卵黄	40 g	70 g
植物油	36 g	60 g
湯（80℃前後）	50 g	80 g
薄力粉	40 g	70 g
ココアパウダー	20 g	30 g
砂糖	12 g	20 g

焼き時間(160℃前後)　約35分　約40分

下準備

・オーブンを温めておく。
・卵白は冷やしておく。

作り方

1 メレンゲを作る（p.8-9参照）。

2 別のボウルに卵黄、植物油、湯、薄力粉、ココアパウダーを入れる。ハンドミキサー[低速]または[中速]で一定方向に回しながら、生地に粘り気がでるまで練り混ぜる。砂糖を加え、溶けるまで混ぜる。

＊卵黄生地が冷えるとココアパウダーが混ざりにくくなるので、ボウルの底を手で触って冷たいと感じたら、湯せんにかけて少し温める。

3 **1**のメレンゲを泡締めする（p.10参照）。

4 メレンゲと**2**の卵黄生地を混ぜ合わせる（p.10-11参照）。

5 型に生地を流し入れ、温めておいたオーブンで焼く。冷ましてから冷蔵庫でひと晩寝かせ、型から取り出す。

カプチーノのシフォンケーキ

コーヒー、ココア、シナモンが奏でるハーモニーは、絶妙。
コーヒーの苦み、シナモンの渋みが大人の味わいです。

Chiffon Cakes part2

お店では……

生クリーム150g（20cm型：200g）と砂糖13g（20cm型：18g）を泡立て（p.75参照）、水小さじ1強（20cm型：小さじ2）で溶いたインスタントコーヒー小さじ1強（20cm型：小さじ2）を加えて混ぜる。パレットナイフでぬり、模様をつけ（p.76参照）、上面にココアパウダー適量を茶こしなどでふり、チョコチップ（コーヒー味）適量を飾る。

材料（1台分）

	17cm	20cm
メレンゲ		
卵白	110g	180g
砂糖	55g	90g
コーンスターチ	5g	10g
卵黄生地		
卵黄	40g	70g
牛乳（人肌くらい）	50g	80g
植物油	36g	60g
薄力粉	55g	90g
砂糖	12g	20g
シナモンパウダー	3g	5g
ココアパウダー	2g	3g
コーヒー豆	3g	5g
チョコチップ（コーヒー味）	30g	50g

＊コーヒー味のチョコがないときは、好みのチョコで構わない。板チョコでも。

🕐 焼き時間（160℃前後）　約35分　約40分

下準備

・オーブンを温めておく。
・卵白は冷やしておく。
・コーヒー豆は細かく挽く。
・チョコチップは粗く刻んでおく。

作り方

1 メレンゲを作る（p.8-9参照）。

2 別のボウルに卵黄、牛乳、植物油、薄力粉を入れる。ハンドミキサー［低速］または［中速］で一定方向に回しながら、生地に粘り気がでるまで練り混ぜる。砂糖を加え、溶けるまで混ぜる。シナモンパウダー、ココアパウダー、挽いたコーヒー豆を加え、ゴムべらで混ぜ合わせる。

3 1のメレンゲを泡締めする（p.10参照）。

4 メレンゲと2の卵黄生地を混ぜ合わせる（p.10-11参照）。刻んだチョコチップを加えてゴムべらで生地全体に散らすように軽く混ぜ合わせる。

5 型に生地を流し入れ、温めておいたオーブンで焼く。冷ましてから冷蔵庫でひと晩寝かせ、型から取り出す。

43

かぼちゃのシフォンケーキ

かぼちゃの色が美しい、ヘルシーなシフォンケーキです。
裏ごししたかぼちゃを練りこむだけでなく、
刻んだものを加えることで食感にアクセントが生まれます。

Chiffon Cakes part2

お店では……

生クリーム130 g（20cm型：200 g）と砂糖12 g（20cm型：18 g）を少しゆるめに泡立て（p.75参照）、ゆでて裏ごししたかぼちゃ50 g（20cm型：70 g）を加えてゴムべらで混ぜる。パレットナイフでぬり、模様をつけ（p.76参照）、かぼちゃの種適量を飾る。

材料（1台分）

	17cm	20cm
メレンゲ		
卵白	110 g	180 g
砂糖	55 g	90 g
コーンスターチ	5 g	10 g
卵黄生地		
卵黄	40 g	70 g
牛乳（人肌くらい）	30 g	50 g
植物油	36 g	60 g
かぼちゃ（ゆでて裏ごししたもの）	25 g	40 g
薄力粉	55 g	90 g
砂糖	12 g	20 g
A かぼちゃ（皮つき・ゆでたもの）	70 g	120 g
ラム酒（好みで）	5 g	8 g

焼き時間（160℃前後）　約40分　約45分

下準備

・オーブンを温めておく。
・卵白は冷やしておく。
・**A**のかぼちゃは7〜8mm角の角切りにし、好みでラム酒をふりかけておく。

作り方

1 メレンゲを作る（p.8-9参照）。

2 別のボウルに卵黄、牛乳、植物油、かぼちゃ（ゆでて裏ごししたもの）を入れる。ハンドミキサー[低速]または[中速]で一定方向に回しながら、軽く混ぜる。薄力粉を加えて[低速]または[中速]で一定方向に回しながら、生地に粘り気がでるまで練り混ぜる。砂糖を加え、溶けるまで混ぜる。

3 1のメレンゲを泡締めする（p.10参照）。

4 2の卵黄生地にメレンゲを少量加える。ゴムべらで生地をすくい上げるように混ぜ合わせ、**A**を加えてゴムべらでからめるように軽く混ぜ合わせる。

5 残りのメレンゲに4の生地を加え、ゴムべらで生地をすくい上げるように混ぜ合わせる。

6 型に生地を流し入れ、温めておいたオーブンで焼く。冷ましてから冷蔵庫でひと晩寝かせ、型から取り出す。

ローズのシフォンケーキ

バラの香りが優雅な気分にさせてくれるシフォンケーキ。
お店ではブルガリア産「ダマスクローズ」という品種の
バラのジャムと花びらを使っています。

Chiffon Cakes　part2

お店では……

生クリーム150 g（20cm型：200 g）と砂糖13 g（20cm型：18 g）を少しゆるめに泡立て（p.75参照）、フランボワーズピューレ20 g（20cm型：30 g）、粉末にしたバラの花びら1 g（20cm型：2 g）を加えてゴムべらで混ぜ合わせる（＝A）。Aのうち30 g（20cm型：20 g）を取り分け、フランボワーズピューレ10 g（20cm型：15 g）を加えて混ぜる（＝B）。Aを表面にパレットナイフでぬり（p.76参照）、Bをバラの口金をつけた絞り袋に入れてバラの花を絞る（p.77参照）。ミントの葉適量を飾る。

材料（1台分）

	17cm	20cm
メレンゲ		
卵白	110 g	180 g
砂糖	55 g	90 g
コーンスターチ	5 g	10 g
卵黄生地		
卵黄	40 g	70 g
水（またはぬるま湯）	36 g	60 g
植物油	36 g	60 g
薄力粉	55 g	90 g
バラのジャム	25 g	40 g
バラの花びら（食用・ドライ）	1 g強	2 g

⏱ 焼き時間（160℃前後）　約30分　約35分

下準備

・オーブンを温めておく。
・卵白は冷やしておく。
・バラのジャムは室温に戻し、バラの花びら（ドライ）はミルサーで挽いて粉末状にする（**a**）。

作り方

1 メレンゲを作る（p.8-9参照）。

2 別のボウルに卵黄、水、植物油、薄力粉を入れる。ハンドミキサー［低速］または［中速］で一定方向に回しながら、生地に粘り気がでるまで練り混ぜる。バラのジャムとバラの花びらを加え、ゴムべらで軽く混ぜ合わせる。

3 **1**のメレンゲを泡締めする（p.10参照）。

4 メレンゲと**2**の卵黄生地を混ぜ合わせる（p.10-11参照）。

5 型に生地を流し入れ、温めておいたオーブンで焼く。冷ましてから冷蔵庫でひと晩寝かせ、型から取り出す。

a

いちごのシフォンケーキ

いちごのピューレを表面にたっぷりぬり、華やかに仕上げました。
冷やしていただくとおいしいので、春にぜひ作ってみてください。

材料（1台分）	17cm	20cm
メレンゲ		
卵白	110 g	180 g
砂糖	55 g	90 g
コーンスターチ	5 g	10 g
卵黄生地		
卵黄	40 g	70 g
植物油	36 g	60 g
いちごピューレ（冷凍）	50 g	80 g
いちご	60 g	100 g
薄力粉	60 g	90 g
デコレーション		
いちごピューレ（冷凍）	80 g	130 g
いちご	3個	4個

🔥 焼き時間（160℃前後）　約35分　約40分

下準備

・オーブンを温めておく。
・いちごピューレ（冷凍）は解凍しておく。
・卵白は冷やしておく。
・卵黄生地のいちごはヘタを取り、5〜6mm角に刻んでおく（**a**）。デコレーションのいちごは半分に切っておく。

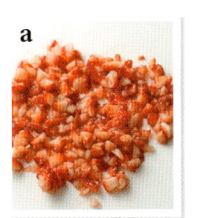

作り方

1. メレンゲを作る（p.8-9参照）。

2. 別のボウルに卵黄、植物油、いちごピューレ、刻んだいちごを入れる。ハンドミキサー[低速]または[中速]で一定方向に回しながら、いちごをつぶすように混ぜ合わせる。写真のようにいちごが残っているくらいで薄力粉を加え、[低速]または[中速]で一定方向に回しながら、生地に粘り気がでるまで練り混ぜる。

3. **1**のメレンゲを泡締めする（p.10参照）。

4. メレンゲと**2**の卵黄生地を混ぜ合わせる（p.10-11参照）。

5. 型に生地を流し入れ、温めておいたオーブンで焼く。冷ましてから冷蔵庫でひと晩寝かせ、型から取り出す。

6. 小鍋にいちごピューレを入れてひと煮立ちさせ、熱いうちにハケで表面にぬり、冷蔵庫で冷やす。いちごを飾る。

a

(左)透明なケースにシフォンケーキを入れ、ふたをします。周囲に麻ひもを巻き、ユーカリの葉などを添えて結びましょう。

(右)シフォンケーキをラップ等でくるみ、カラーペーパーなどの薄紙で包みます。薄紙は2色使っても。リボンなどを結び、紙の端を軽く広げて形を整えます。

直径10cm のホール

Wrapping 1

Wrapping 2

🎀 Column
ラッピングアイデア 2

ホールで贈るときは、ちょっぴり豪華なラッピングがおすすめです。
中が見えるように包んでもすてきです。形が崩れないように注意しましょう。

Wrapping 3

直径17cm のホール

Wrapping 4

紙皿にシフォンケーキをのせ、ケーキにぶつからないように、セロファンでふんわりと包みます。リボン等を結び、上からお花の飾りをつけます。

シフォンケーキを箱に入れ、上部に包装紙をのせます。包装紙にレースペーパーを貼り、リボンで結びます。レースペーパーにスタンプを押したり、メッセージを書いたりしても。

50

part 3

上級者向けの
シフォンケーキ

チョコナッツの
シフォンケーキ

チョコレートのシフォンケーキ（p.40）の生地に
チョコチップとナッツをプラス。
ナッツがこんなにたっぷりのっても、生地はふわふわ!!

材料(1台分)

	17cm	20cm
メレンゲ		
卵白	110 g	180 g
砂糖	55 g	90 g
コーンスターチ	5 g	10 g
卵黄生地		
卵黄	40 g	70 g
植物油	36 g	60 g
湯(80℃前後)	50 g	80 g
薄力粉	40 g	70 g
ココアパウダー	20 g	35 g
砂糖	12 g	20 g
クーベルチュールチョコレート (スイート)	50 g	80 g
くるみ	15 g	25 g
アーモンド	15 g	25 g
カシューナッツ	15 g	25 g
ピスタチオ	3 g	5 g

🕐 **焼き時間(160℃前後)** 約35分 約40分

下準備

・オーブンを温めておく。
・卵白は冷やしておく。

作り方

1 チョコレート、ナッツ類はそれぞれ5〜7mmくらいに刻む。くるみ、アーモンド、カシューナッツはオーブン(160℃前後)で10〜15分、うっすらと色がつくまでローストする。

2 メレンゲを作る(p.8-9参照)。

3 別のボウルに卵黄、植物油、湯、薄力粉、ココアパウダーを入れる。ハンドミキサー[低速]または[中速]で一定方向に回しながら、生地に粘り気がでるまで練り混ぜる。砂糖を加え、溶けるまで混ぜる。
＊卵黄生地が冷えるとココアパウダーが混ざりにくくなるので、ボウルの底を手で触って冷たいと感じたら、湯せんにかけて少し温める。

4 2のメレンゲを泡締めする(p.10参照)。

5 メレンゲと3の卵黄生地を混ぜ合わせる(p.10-11参照)。チョコレートを加えて軽く混ぜ合わせる。

6 型に生地を流し入れて表面にナッツ類をちらし、温めておいたオーブンで焼く。冷ましてから冷蔵庫でひと晩寝かせ、型から取り出す。ナッツ類がのった面を上にする。

アールグレイ&チョコの
シフォンケーキ

2つの風味が不思議と調和する、
専門店ならではのシフォンケーキ。
薫り高いアールグレイと、
ほのかな苦みのあるココアがよく合います。

材料（1台分）

	17cm	20cm
メレンゲ		
卵白	110 g	180 g
砂糖	55 g	90 g
コーンスターチ	5 g	10 g
卵黄生地		
卵黄	40 g	70 g
水（またはぬるま湯）	50 g	80 g
植物油	36 g	60 g
薄力粉	55 g	90 g
砂糖	20 g	30 g
紅茶（茶葉） ＊アールグレイを使用。	5 g	8 g
A ｜ ココアパウダー	5 g	10 g
A ｜ 湯（40℃前後）	12 g	20 g

🕐 **焼き時間（160℃前後）**　約35分　約40分

下準備

・オーブンを温めておく。
・卵白は冷やしておく。

作り方

1 紅茶の茶葉はミルサーで挽くか、すり鉢ですって細かくし、茶こしでふるう。
＊粉末になるまで細かくしないこと。茶こしでふるい、落ちたもののみ使用する。

2 メレンゲを作る（p.8-9参照）。

3 別のボウルに卵黄、水、植物油、薄力粉を加える。ハンドミキサー[低速]または[中速]で同じ方向に回しながら、生地に粘り気がでるまで練り混ぜる。砂糖を加えて溶けるまで混ぜ、**1**を加えてゴムべらで混ぜ合わせる。

4 別のボウルに**A**を溶く。ココアパウダーに湯を加えて溶く。

5 **2**のメレンゲを泡締めする（p.10参照）。

6 メレンゲと**3**の卵黄生地を混ぜ合わせる（p.10-11参照）。

7 **4**のココアに**6**の生地150 g（20cm型：240 g）を加えて混ぜる。

8 残りの**6**の生地、**7**の生地の2つを、型にゴムべらで少しずつ交互に入れていく。温めておいたオーブンで焼く。冷ましてから冷蔵庫でひと晩寝かせ、型から取り出す。

ブルーベリーの
シフォンケーキ

ブルーベリーがたっぷり入ったシフォンケーキ。
ほのかな酸味がクセになるおいしさです。

材料（1台分）

	17cm	20cm
メレンゲ		
卵白	110 g	180 g
砂糖	55 g	90 g
コーンスターチ	5 g	10 g
卵黄生地		
卵黄	40 g	70 g
水（またはぬるま湯）	15 g	20 g
植物油	40 g	60 g
ブルーベリーピューレ（冷凍）	50 g	80 g
レモン汁	3 g	5 g
薄力粉	55 g	90 g
砂糖	12 g	20 g
ブルーベリーの 　シロップ煮（正味）	大さじ1½	大さじ2½

＊鍋にブルーベリー（冷凍）250gと砂糖100gを入れ、砂糖が溶けるまでおいておく。砂糖が溶けたら火にかけてひと煮立ちさせる。そのまま冷まし、冷蔵保存する。1か月くらい保存できる。

デコレーション		
｜生クリーム	150 g	200 g
｜砂糖	13 g	18 g
ブルーベリー	21個	21個
ミントの葉	適量	適量

🕐 **焼き時間（160℃前後）**　約40分　約45分

下準備

・オーブンを温めておく。
・ブルーベリーピューレ（冷凍）は解凍しておく。
・卵白は冷やしておく。
・ブルーベリーのシロップ煮は水けをきり、キッチンペーパー等で汁を軽く拭きとる。

作り方

1 メレンゲを作る（p.8-9参照）。

2 別のボウルに卵黄、水、植物油、ブルーベリーピューレ、レモン汁を入れる。ハンドミキサー［低速］または［中速］で一定方向に回しながら、軽く混ぜる。薄力粉を加えて［低速］または［中速］で一定方向に回しながら、生地に粘り気がでるまで練り混ぜる。砂糖を加え、溶けるまで混ぜる。

3 **2**にブルーベリーのシロップ煮を加え、ゴムべらでからめるように混ぜ合わせる。

4 **1**のメレンゲを泡締めする（p.10参照）。

5 メレンゲと**3**の卵黄生地を混ぜ合わせる（p.10-11参照）。

6 型に生地を流し入れ、温めておいたオーブンで焼く。冷ましてから冷蔵庫でひと晩寝かせ、型から取り出す。

7 ボウルに生クリーム、砂糖を入れ、ボウルの底を氷水につけながら泡立てる（p.75）。¾量をシフォンケーキ生地全体にパレットナイフでぬり、残りで側面と上面に模様をつける（p.76）。ブルーベリーとミントの葉を飾る。

野菜のシフォンケーキ

かぼちゃ、トマト、ほうれん草、プレーンの4色が美しいシフォンケーキ。
レモンを加えて野菜特有の匂いを抑えています。

材料（1台分）

	17cm	20cm
メレンゲ		
卵白	120 g	200 g
砂糖	60 g	100 g
コーンスターチ	5 g	10 g
卵黄生地		
卵黄	50 g	80 g
水（またはぬるま湯）	30 g	50 g
植物油	40 g	65 g
レモン汁	20 g	35 g
レモンの皮	⅓個	½個
薄力粉	55 g	90 g
砂糖	12 g	20 g
かぼちゃピューレ（冷凍）	12 g	20 g
トマトペースト	6 g	10 g
ほうれん草ピューレ（冷凍）	12 g	20 g

🕐 焼き時間（160℃前後）　約35分　約40分

下準備

- オーブンを温めておく。
- かぼちゃピューレ（冷凍）、ほうれん草ピューレ（冷凍）は解凍しておく。
- 卵白は冷やしておく。
- レモンはよく洗い、皮をすりおろす。レモンの皮の白い部分は苦いので、表面のみを軽くすりおろす。

作り方

1 メレンゲを作る（p.8-9参照）。

2 別のボウルに卵黄、水、植物油、レモン汁、レモンの皮を入れる。ハンドミキサー[低速]または[中速]で一定方向に軽く混ぜ、薄力粉を加えて[低速]または[中速]で一定方向に回しながら、生地に粘り気がでるまで練り混ぜる。砂糖を加え、溶けるまで混ぜる。

3 1のメレンゲを泡締めする（p.10参照）。

4 メレンゲと2の卵黄生地を軽く混ぜ合わせる（p.10-11参照）。
＊メレンゲが見えなくなるくらいで構わない。

5 かぼちゃピューレをボウルに入れ、4の生地を20g（20cm型：35g）くらい加えてゴムべらでよく混ぜ合わせる。トマトペースト、ほうれん草ピューレも同様にする。それぞれに残りの4の生地を40g（20cm型：80g）くらいずつ加え、ゴムべらで生地をすくい上げるように混ぜ合わせる。
＊ピューレやペーストが4の生地よりも柔らかいときは、2回に分けず一度に混ぜ合わせても構わない。

6 残りの4の生地はメレンゲが見えなくなり、少しゆるくなるまでゴムべらで混ぜ合わせる。5の3つの生地をそれぞれ2か所、中央の筒をはさんで向かい合わせに入れる。3種類入れたらその上全面に、残りの4の生地を入れる。これを3〜4回繰り返す。

7 温めておいたオーブンで焼く。冷ましてから冷蔵庫でひと晩寝かせ、型から取り出す。

栗のシフォンケーキ

栗の風味豊かな生地を
モンブランのようなデコレーションで豪華に仕上げました。
栗がおいしい時期にぜひ作ってください。

材料（1台分）

		17cm	20cm
メレンゲ			
卵白		110 g	180 g
砂糖		55 g	90 g
コーンスターチ		5 g	10 g
卵黄生地			
卵黄		40 g	70 g
水（またはぬるま湯）		36 g	60 g
植物油		36 g	60 g
A	マロンペースト	36 g	60 g
	マロンピューレ	36 g	60 g
薄力粉		55 g	90 g
栗の渋皮煮		90 g	150 g
デコレーション			
	生クリーム	150 g	200 g
	砂糖	13 g	18 g
	ラム酒（好みで）	2 g	3 g
B	マロンペースト	35 g	60 g
	マロンピューレ	35 g	60 g
	牛乳	20 g	30 g
栗の渋皮煮		3個	5個

🕐 **焼き時間（160℃前後）** 約40分 約45分

下準備

- オーブンを温めておく。
- 卵白は冷やしておく。
- 卵黄生地の栗の渋皮煮は6〜8mm大に刻んでおく。デコレーションの栗の渋皮煮は4つ切りにしておく。

作り方

1 メレンゲを作る（p.8-9参照）。

2 別のボウルに卵黄、水、植物油を入れる。ハンドミキサー［低速］または［中速］で一定方向に回しながら、軽く混ぜる。

3 Aを耐熱容器に入れ、電子レンジで1分くらい加熱して温め、2を少しずつ加えて混ぜる。混ざったら薄力粉を加え、ハンドミキサー［低速］または［中速］で一定方向に回しながら、生地に粘り気がでるまで練り混ぜる。栗の渋皮煮を加え、ゴムべらで生地全体に散らすように混ぜ合わせる。

4 1のメレンゲを泡締めする（p.10参照）。

5 メレンゲと3の卵黄生地を混ぜ合わせる（p.10-11参照）。

6 型に生地を流し入れ、温めておいたオーブンで焼く。冷ましてから冷蔵庫でひと晩寝かせ、型から取り出す。

7 ボウルに生クリーム、砂糖を入れ、ボウルの底を氷水につけながら泡立て、好みでラム酒を加える（p.75参照）。

8 Bを耐熱容器に入れ、電子レンジで1分くらい加熱してよく混ぜ、温かいうちに裏ごししてなめらかにする。冷めたら、7の生クリーム15 g（20cm型：25 g）を加え、ゴムべらで混ぜ合わせ、モンブラン口金をつけた絞り袋に入れる。7の残りの生クリームを生地全体にパレットナイフでぬり（p.76参照）、栗のクリームを上面に絞る。栗の渋皮煮を飾る。

ベリーのシフォンケーキ

ブルーベリーとフランボワーズの 2 種類の生地を混ぜ合わせました。
表面にもベリーをたっぷりぬり、見た目にも華やか。
冷やしていただくとさらにおいしい、夏にぴったりのケーキです。

材料（1台分）

	17cm	20cm
メレンゲ		
卵白	120 g	200 g
砂糖	60 g	100 g
コーンスターチ	5 g	10 g
卵黄生地		
卵黄	50 g	80 g
水（またはぬるま湯）	40 g	60 g
植物油	40 g	60 g
レモン汁	6 g	10 g
薄力粉	65 g	100 g
砂糖	12 g	20 g
A ブルーベリーピューレ（冷凍）	12 g	20 g
ブルーベリーのシロップ煮（正味）	大さじ1½	大さじ2
フランボワーズピューレ（冷凍）	18 g	30 g
フランボワーズ（冷凍）	18 g	30 g
デコレーション		
B ブルーベリーのシロップ煮の漬け汁	30 g	40 g
フランボワーズピューレ（冷凍）	45 g	60 g
C ブルーベリー、フランボワーズ、ミントの葉	各適量	各適量

＊ブルーベリーのシロップ煮の作り方は、p.57参照。

🕐 **焼き時間（160℃前後）**　約35分　約40分

下準備

・オーブンを温めておく。
・ブルーベリーピューレ（冷凍）、フランボワーズピューレ（冷凍）は解凍しておく。
・卵白は冷やしておく。
・フランボワーズは冷凍のまま手で細かく砕き、薄力粉（分量外）をまぶし、使う直前まで冷凍庫に入れておく。

作り方

1 メレンゲを作る（p.8-9参照）。

2 別のボウルに卵黄、水、植物油、レモン汁を入れる。ハンドミキサー[低速]または[中速]で一定方向に回しながら、軽く混ぜる。薄力粉を加えて[低速]または[中速]で一定方向に回しながら、生地に粘り気がでるまで練り混ぜる。砂糖を加え、溶けるまで混ぜる。

3 **1**のメレンゲを泡締めする（p.10参照）。

4 メレンゲと**2**の卵黄生地を軽く混ぜ合わせる（p.10-11参照）。
＊メレンゲが見えなくなるくらいで構わない。

5 **A**のブルーベリーのシロップ煮は水けをきり、キッチンペーパー等で汁けを軽く拭きとる。**A**とフランボワーズピューレをそれぞれボウルに入れ、**4**の生地を100 g（20cm型：150 g）ずつ加え、ゴムべらで生地をすくい上げるように混ぜ合わせる。

6 残りの**4**の生地は少しゆるくなるまで混ぜ合わせる。ここに薄力粉（分量外）をまぶしたフランボワーズを加え（余った粉は加えない）、ゴムべらで生地全体に散らすように軽く混ぜ合わせる。

7 **5**のブルーベリーの生地、フランボワーズの生地、**6**の生地の3つをそれぞれ2か所、中央の筒をはさんで向かい合わせに入れる。これを3〜4回繰り返す。

8 温めておいたオーブンで焼く。冷ましてから冷蔵庫でひと晩寝かせ、型から取り出す。小鍋に**B**を入れてひと煮立ちさせ、熱いうちにハケで生地表面にぬり、冷蔵庫で冷やす。**C**を飾る。

シフォンケーキ生地で作る
おいしいケーキ

しっとり&ふわふわ食感のシフォン生地をクリームでデコレーションしたり、ロールケーキに焼いたりして、アレンジしました。
おいしいシフォン生地をさらにおいしく召し上がれ！

いちごのケーキ

プレーンシフォンケーキをいちごのショートケーキ風にデコレーションしました。
いちごをのせても、ふわふわのシフォン生地はつぶれません！

材料（1台分）	17cm	20cm
基本のプレーンシフォンケーキ（p.6参照）	1台分	1台分
生クリーム	300g	400g
砂糖	27g	36g
キルシュ酒	3g	5g
いちご	1パック	1½パック
ミントの葉	適量	適量

下準備
・いちごはヘタを取り、6個（20cm型：8個）を残して半分に切る。

作り方

1 基本のプレーンシフォンケーキを焼き、型から取り出す（p.6参照）。

2 半分の高さに、目印となる切り込みを4箇所くらいナイフで入れる。切り込みに合わせナイフを水平に入れ、ぐるりと1周切り、2枚に切り分ける。

3 ボウルに生クリーム、砂糖を入れ、ボウルの底を氷水につけながら泡立て（p.75参照）、キルシュ酒を加えて混ぜる。

4 回転台に2の下の生地をのせ、3のクリームをパレットナイフで1〜2mm厚さにぬり広げる。半分に切ったいちごをのせる。

5 4の上に3のクリームをのせてパレットナイフでいちごがかくれるようにぬり広げ、上に2の残りの生地をのせる。

6 残りの3のクリームの⅔量を5の上面と側面、筒の部分にパレットナイフでぬる。残りをパレットナイフの先に少量のせ、側面に垂直に押しつけてからそっと上にひいて模様をつける（p.76参照）。同様に上面にも模様をつける。いちごとミントの葉を飾る。

＊保存の目安は冷蔵庫で2日。

バレンタインケーキ

直径10cmの型を使って、バレンタインにぴったりのチョコケーキに仕上げました。
2〜3人で食べるのにちょうどよい大きさです。

シフォンケーキ生地で作る　おいしいケーキ

材料（1台分）	10cm	17cm	20cm
チョコレートのシフォンケーキ（p.40参照）	1台分	1台分	1台分
生クリーム	100g	150g	250g
クーベルチュールチョコレート（スイート）	40g	60g	100g
ラム酒	1〜2g	2g	4g
フランボワーズ	2個	4個	5個
ミントの葉	適量	適量	適量
チョコレート（スイート）	20g	30g	50g

＊クーベルチュールでも板チョコでもOK。ビター、ミルクなど好みの風味で。

下準備

・クーベルチュールチョコレートは細かく刻んでおく。

作り方

1 チョコレートのシフォンケーキを焼き、型から取り出す（p.40参照）。

2 チョコレート生クリームを作る（p.77参照）。

3 回転台に**1**の生地をのせ、**2**の¾量を上面と側面、筒の部分にパレットナイフでぬる（p.76参照）。

4 側面にパレットナイフの片側の端を軽くあて、等間隔に筋をつけながら、反時計回りにぐるりと1周させる。

5 **2**の残りをパレットナイフの先に少量のせ、上面に軽く押しつけてからひいて模様をつける。フランボワーズとミントの葉を飾る。

6 チョコレートの表面に手をあてて少しやわらかくする。大きめのスプーンの縁をあてて手前にひいて削り、**5**の上面と下部に飾る。

＊保存の目安は冷蔵庫で2日。

紅茶のシフォン×
チョコレート生クリーム

かぼちゃ&
シナモンのシフォン×
生クリーム

レイヤーケーキ

薄く切った生地とクリームを重ね合わせた贅沢なケーキ。
シェフおすすめの生地とクリームの組み合わせを味わってください。

紅茶のシフォン×チョコレート生クリーム

材料(シフォンケーキ1台分)

	17cm	20cm
紅茶のシフォンケーキ (p.16参照)	1台分	1台分
生クリーム	300g	450g
クーベルチュール 　チョコレート(スイート)	135g	200g
ナッツ	適量	適量

＊アーモンド、くるみ、ピスタチオなど好みのナッツでOK。

下準備

・割り箸などで厚さ1cmの棒を作る。
・クーベルチュールチョコレートは細かく刻んでおく。

かぼちゃ&シナモンのシフォン×生クリーム

材料(シフォンケーキ1台分)

	17cm	20cm
かぼちゃのシフォンケーキ (p.44参照)	約½台分	約½台分
シナモンのシフォンケーキ (p.17参照)	約½台分	約½台分
生クリーム	300g	400g
砂糖	27g	36g
ラム酒	3g	4g
かぼちゃ(皮つき・ゆでたもの)	適量	適量
シナモンパウダー	適量	適量
ミントの葉	適量	適量

下準備

・割り箸などで厚さ1cmの棒を作る。

作り方

1 シフォンケーキを焼き、型から取り出す。
＊紅茶:p.16、かぼちゃ:p.44、シナモン:p.17参照。

2 生地の両端に厚さ1cmの割り箸などをあて、ナイフをそわせるようにして薄く切り分ける。
＊紅茶:6枚、かぼちゃ:3枚、シナモン:4枚を使用する。

3 クリームを作り、100g(20cm型:150g)を取り分けておく。
＊紅茶:チョコレート生クリーム(p.77参照)、かぼちゃ&シナモン:ホイップクリーム(p.75参照)。

4 回転台に2の生地(かぼちゃ&シナモンは、シナモンの生地)をのせ、3のクリームをパレットナイフで2～3mm厚さにぬり広げる。

5 生地と3のクリームを4と同じように繰り返し重ね、トップに生地をのせる。
＊紅茶は6段重ねにし、かぼちゃ&シナモンは交互に7段重ねる。

6 3の取り分けておいたクリームを、5の上面と側面、筒の部分にパレットナイフでぬり広げる(p.76参照)。

7 3の残りのクリームをパレットナイフに少量のせ、側面と上面に模様をつけ(p.76参照)、トッピングをのせる。冷蔵庫で30分冷やし、クリームを落ち着かせてから切ると崩れにくい。
＊トッピングは、紅茶がナッツ、かぼちゃ&シナモンがシナモンパウダーとかぼちゃとミントの葉。

＊保存の目安は冷蔵庫で2日。

お茶といちごのロールケーキ

シフォンケーキ生地で作ると、必ずふわふわのロールケーキが楽しめます。
お茶の風味といちごの甘酸っぱさがよく合います。

シフォンケーキ生地で作る　おいしいケーキ

材料（24cm長さ2本分）

お茶のシフォンケーキの生地
（p.21参照）　　直径17cm型1台分
生クリーム　　　　　180g
砂糖　　　　　　　　16g
いちご　　　　　　　8個

下準備

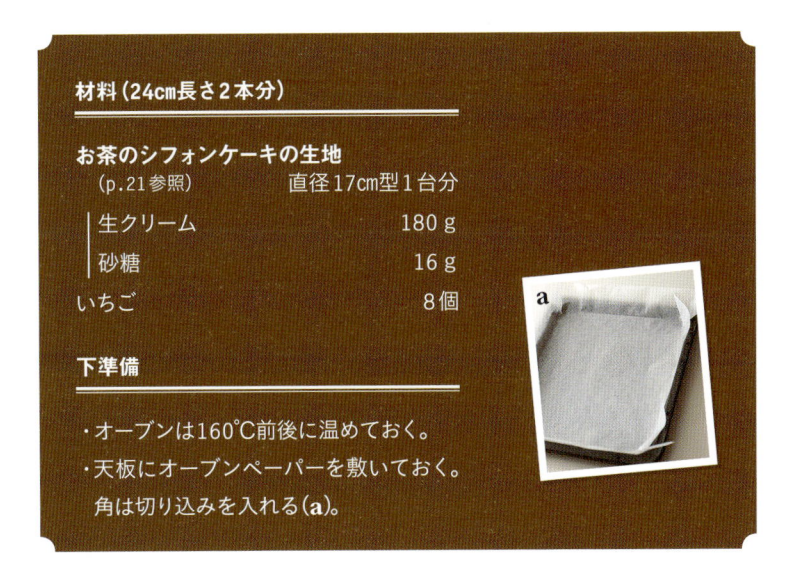

・オーブンは160℃前後に温めておく。
・天板にオーブンペーパーを敷いておく。
　角は切り込みを入れる（a）。

作り方

1　お茶のシフォンケーキ生地を作る（p.21参照）。
＊生地は2種類作らず、AとBを合わせて溶いて均一に混ぜる。

天板（24×28cm）に生地を流し入れる。表面をカードで平らにならし、温めておいたオーブンで15〜20分焼く。

2　生地が焼き上がったらすぐに取り出し、オーブンペーパーをのせる。生地をひっくり返して平らな台にのせ、オーブンペーパーをはがす。もう一度ひっくり返して表面のオーブンペーパーをはがして冷ます。半分の大きさに切る。

3　ボウルに生クリーム、砂糖を入れ、ボウルの底を氷水につけながら泡立てる（p.75参照）。半量ずつ分けておく。

4　別のオーブンペーパーに2をのせる。2の生地全体に、3で取り分けたクリームの2/3量をパレットナイフで平らにぬり広げる。いちごはヘタを取って半分に切り、2の中央に一直線になるようにのせる。いちごの上に3の残りのクリームをぬる。

5　オーブンペーパーを持ち上げ、手前の生地の端と奥の生地の端を合わせ、ギュッと押さえる。巻き終わりを下にしてラップで包む。同じようにもう1本作り、冷蔵庫で30分冷やし、クリームを落ち着かせる。

＊保存の目安は冷蔵庫で2日。

シフォンケーキの失敗例と成功のコツ

シフォンケーキ作りのポイントは、植物油と小麦粉（グルテン）の混ざり方、そしてメレンゲにあります。
レシピの通りに作っても上手にできなかったときは、下記をよく読んでください。

膨らみが少ない

原因1　メレンゲに気泡が少ない

メレンゲを作るとき、卵白はしっかり泡立てましたか？ シフォンケーキの生地は、泡立てた際に入り込んだ「空気（気泡）」が焼くときに膨張することで膨らむため、「空気」の入り方が足らないと膨らみにくくなります。

解決方法1　メレンゲはツノを立てる！

メレンゲはツノが立つまで泡立て、気泡の大きさを細かくそろえるために泡締めをしましょう。→p.10
逆に、泡立てすぎてしまうと、気泡が弱くて壊れやすくなり、膨らみにくくなってしまうので、注意してください。

原因2　メレンゲと卵黄生地を混ぜ合わせすぎた

メレンゲと卵黄生地を混ぜ合わせるときに、メレンゲの気泡が壊れて消えてしまうと、空気（気泡）の量が少なくなり、膨らまないこともあります。

解決方法2　メレンゲの気泡を消さないように！

メレンゲと卵黄生地を混ぜ合わせすぎて、メレンゲの気泡を壊しすぎないように注意しましょう。→p.10-11

型と生地の間にすきまができた

原因　焼きが甘い

焼き足りないと焼き縮みが生じて、型と生地の間にすきまができたり型から生地がはがれてしまったりすることがあります。型から出すと、焼き縮みが生じることも。

解決方法　しっかり焼いて！

焼き時間が足りなかったり、温度が高すぎて周囲しか焼けていないと、生地が生焼けになってしまい、冷めながら縮んでしまいます（焼き縮み）。写真のオレンジシフォンのように、固形物を入れると火の通りが悪くなるので、特にしっかり焼きましょう。

生地に穴があいた&白っぽい生地ができた

穴があいた
白っぽい生地

生地に穴があいた

原因1

メレンゲに大きな泡が残っていた

メレンゲは焼いたときに大きな泡が残っていると、穴になってしまいます。

解決方法1

メレンゲは必ず泡締めを!

メレンゲはしっかりツノが立つまで泡立て、泡締めをして気泡の大きさを細かくそろえましょう。→p.10

生地に穴があいた&白っぽい生地ができた

原因2

メレンゲと卵黄生地がきちんと混ざっていない

メレンゲと卵黄生地の混ぜ合わせ方が悪いと、穴があいたり、白い生地の部分ができたりしてしまいます。

解決方法2

メレンゲが見えなくなるまで混ぜ合わせる

生地を型に流し入れるときに白い塊があったら、メレンゲが混ざっていない可能性があります。白いメレンゲが残らないように混ぜましょう。
→p.10-11

固形物が沈んだ

原因

メレンゲが固形物の重さに負けてしまった

メレンゲがよくないと、固形物が下に沈んでしまいます。

解決方法

コシのあるメレンゲを作る!

固形物が入るときは、いつも以上にメレンゲに注意しましょう! ツノをピンと立て、最後に泡締めをし、気泡の大きさを細かくそろえます。→p.8-10

シフォンケーキに合う
クリーム&ソース

クリームやソースをフルーツなどと一緒に添えてもおいしくいただけます。
デコレーションに欠かせないホイップクリーム、
余った卵黄で作れるカスタードソースの作り方を紹介します。

フランボワーズクリーム

ホイップクリーム

カスタードソース

チョコレートカスタードソース

レモンカスタードソース

ホイップクリーム

材料（作りやすい分量）
生クリーム……………………………150g
砂糖……………………………………13g
洋酒（ラム酒やキルシュ酒などお好みで）
　……………………………………………2g

作り方
1. ボウルに生クリーム、砂糖を入れ、ボウルの底を氷水につける(a)。
2. ハンドミキサーを1のボウルに垂直に立て、かたまってボタッと落ちるようになるまで[中速]で泡立てる(b)。
3. 2のクリームを[低速]でゆっくりと3～4周回し、キメを整える。写真(c)のようにトロリとしているくらいでOK。好みで洋酒を加えて混ぜる。
　＊すべてのシフォンケーキに合います。

カスタードソース

材料（作りやすい分量）
牛乳……………………………………100g
卵黄……………………………………40g
砂糖……………………………………20g

作り方
1. 鍋に牛乳を入れて中火にかける。ボウルに卵黄、砂糖を入れて泡立て器でよく混ぜる。
2. 牛乳が沸騰したら火を止め、1のボウルに1/3量を加えて混ぜ(a)、鍋に戻し入れて混ぜ合わせる。
3. 焦げないように泡立て器でしっかり混ぜながら(b)、弱めの中火で煮る。
　＊鍋底の隅は泡立て器だと混ざりにくいので、ゴムべらを使うとよい。
4. 写真(c)のようにポコッと沸いたら、すぐに火からおろす。泡立て器で混ぜながら余熱で1～2分煮る。
　＊すべてのシフォンケーキに合います。

Arrange 1
フランボワーズクリーム

材料（作りやすい分量）＆作り方
フランボワーズピューレ（冷凍）30gは解凍してボウルに入れ、ややゆるめに泡立てたホイップクリーム（左記参照）を加えて混ぜ合わせる。

＊チョコレートのシフォンケーキ(p.40)、ベリーのシフォンケーキ(p.62)などに合います。

Arrange 1
チョコレートカスタードソース

材料（作りやすい分量）＆作り方
チョコレート20～30gを刻んでボウルに入れ、粗熱をとる前のカスタードソース（左記参照）を少しずつ加え、混ぜ合わせる。チョコレートはカスタードソースの余熱で溶かす。

＊チョコレートはクーベルチュールチョコレートでも、板チョコでもOK。
＊バナナのシフォンケーキ(p.24)のほか、オレンジのシフォンケーキ(p.34)、フランボワーズのシフォンケーキ(p.38)など酸味のあるシフォンケーキにも合います。

Arrange 2
レモンカスタードソース

材料（作りやすい分量）＆作り方
カスタードソース（左記参照）を作り、最後にレモン汁5gを加えて混ぜ合わせる。

＊にんじんのシフォンケーキ(p.29)、野菜のシフォンケーキ(p.58)などに合います。

デコレーションの基本＆応用

ケーキにクリームをぬる方法とすてきな飾り方を紹介します。

基本　ケーキ全体にクリームをぬる方法

＊シフォンケーキ1台に生クリーム150g（20cm型：200g）、砂糖13g（20cm型18g）。うち¾量を全体にぬる。泡立て方は、p.75ホイップクリーム参照。

1 回転台にケーキをのせる。クリームをケーキの上面にゴムべらでのせ、パレットナイフを動かしながら生地が見えないように2mm厚さにぬり広げる。側面にクリームがたれても構わない。

2 ゴムべらでクリームを側面におき、生地が見えないようにパレットナイフで2mm厚さにぬり広げる。

3 上面にはみ出しているクリームは、パレットナイフを中央に向かって水平に動かし、平らに整える。パレットナイフについたクリームは、ボウルの縁にあてて取る。

4 回転台についたクリームは、ケーキと回転台の間にパレットナイフを1cm程度入れながら回転台を回して取る。最後に、パレットナイフで筒の部分にぬり広げる。

応用　クリームで飾る方法

A：側面を飾る
パレットナイフの先にクリームを少量のせ、側面に垂直に押しつけてからそっと上にひく。
→p.35オレンジのシフォンケーキ、p.43カプチーノのシフォンケーキ、p.57ブルーベリーのシフォンケーキ

B：側面を飾る
パレットナイフの先にクリームを少量のせ、側面に押しつけてからそっと手前にひく。
→p.45かぼちゃのシフォンケーキ、p.47ローズのシフォンケーキ

C：側面に模様をつける
パレットナイフの先を側面にあて、回転台を回して筋をつける。
→p.41チョコレートのシフォンケーキ

D：上面を飾る
パレットナイフの先にクリームを少量のせ、上面の中央に押しつけてからひく。
→p.35オレンジのシフォンケーキ、p.47ローズのシフォンケーキ

E：上面を飾る
パレットナイフの先にクリームを少量のせ、上面の端に押しつけてからひく。
→p.41チョコレートのシフォンケーキ、p.43カプチーノのシフォンケーキ、p.45かぼちゃのシフォンケーキ、p.57ブルーベリーのシフォンケーキ

F：上面＆側面に絞る

直径2cmの星口金をつけた絞り袋にクリームを入れて、上面、側面に絞りだす。
→p.39 フランボワーズのシフォンケーキ

G：上面＆側面にバラの花を飾る
→p.47 ローズのシフォンケーキ

上面

1 バラの口金をつけた絞り袋にクリームを入れて、上面に1巻き絞り、芯を作る。
＊絞り袋は、バラ口金の太いほうが下になるように持つ。

2 1の周りを囲むように数回クリームを絞り、バラの花をかたどる。ミントの葉を飾る。

側面

直線でyの字のように2回絞り、バラの花をかたどる。ミントの葉を飾る。

チョコレート生クリームの作り方
→p.66 バレンタインケーキ、p.68 レイヤーケーキ（紅茶のシフォン×チョコレート生クリーム）

材料＆作り方

1 クーベルチュールチョコレート（好みのもの）135g（20cm型：200g）を細かく刻み、ボウルに入れる。生クリーム300g（20cm型：450g）を沸騰させて火をとめ、チョコがひたひたになるまで加える（**a**）。

2 泡立て器をボウルに垂直に立て、一定方向に混ぜながら、チョコをよく溶かす。

3 チョコが完全に溶けてなめらかになったら（**b**）、残りの生クリームの半量を加え、泡立て器をボウルに垂直に立て、一定方向に混ぜる。好みでラム酒4g（20cm型：6g）を加えて混ぜる。

4 残りの生クリームを加え、泡立て器で**3**と同様に混ぜ、ボウルの底を氷水につける。ボウルの底を手で触って冷たいと感じたら、氷水から外す。

5 ハンドミキサーをボウルに垂直に立て、一定方向に回し、トロリと落ちるくらいまで泡立てる（**c**）。

a **b** **c**

オレンジピールの作り方
→p.34 オレンジのシフォンケーキ

材料（作りやすい分量）＆作り方

1 オレンジの皮2個分は1個あたり8等分に切って鍋に入れ、皮がつかるまで水を入れて火にかける。沸騰したら湯を切る。

2 もう一度水を入れて煮る。柔らかくなったら湯を切り、2～3mm角に刻む。重さを量る。

3 砂糖（**2**の重さの35％量）を加え、水をひたひたになるまで入れ、火にかける。強火で焦げないように煮て水分をとばす。粗熱をとる。オレンジのお酒（グランマルニエ、オレンジキュラソーなど）適量をひたひたになるまで入れ、漬けておく。

＊冷蔵で1か月くらい保存できる。

シフォンケーキ作りに必要な材料＆道具

シフォンケーキを作るのに必要な材料、道具を紹介します。
どれもスーパーマーケットや製菓材料店などで購入できます。

材料

❀ 卵

新鮮な卵を選びましょう。卵白は鮮度がよいとコシがあり、泡が安定するので、気泡が消えにくいメレンゲができます。また、卵白は使う直前まで冷蔵庫で冷やしておいたほうが、気泡の消えにくいメレンゲになります。卵黄は室温に戻したほうがうまく乳化します。卵白と卵黄を分けるときは、卵白に卵黄が混ざらないように気をつけましょう。

卵黄	40g	M玉約2½個分
	50g	M玉約3個分
	70g	M玉約4⅓個分
	80g	M玉約5個分
卵白	110g	M玉約3個分
	120g	M玉約3⅓個分
	180g	M玉約5個分
	200g	M玉約5½個分

❀ 薄力粉

小麦粉のたんぱく質は、水と練るとグルテンを作ります。このグルテンは、シフォンケーキの「骨格」といえるほどに重要な要素で、一般的な薄力粉が向いています。薄力粉などの粉類のダマが気になるときは、泡立て器でダマを散らすように混ぜてから使ってください。

❀ コーンスターチ

卵白を泡立てるときにコーンスターチを加えると、卵白の水分を吸収して安定したメレンゲを作ることができます。サクッとした食感が出ます。

❀ 砂糖

上白糖でもグラニュー糖でも構いません。ミネラル分が多い砂糖だと生地の膨らみが悪くなります。

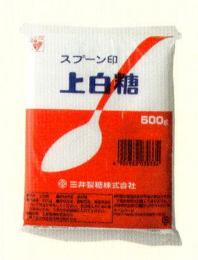

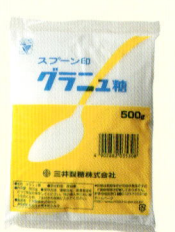

❀ 植物油

シフォンケーキの特徴は植物油を使うことです。添加物が入っている植物油を使うと卵白の気泡を壊してしまうので、添加物の入っていないものを選びましょう。なたね油、オリーブ油、ごま油など好みのものを使ってください。

道具

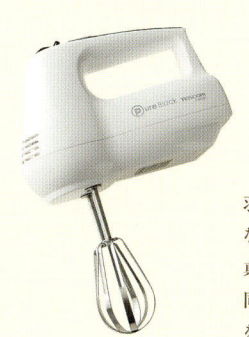

ハンドミキサー
メレンゲなどの泡立てが素早くできるので、欠かせません。この本では、ハンドミキサーを使ったレシピを紹介しています。

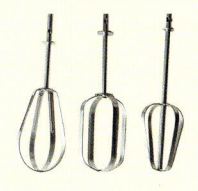

羽は、ハンドミキサーによって形が異なります。先が細くなっているもの(写真右)よりも、先が大きいもの(写真左)や同じ太さのもの(写真中央)のほうが卵白を泡立てやすいです。

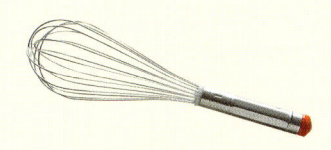

泡立て器
泡締めするときは必ず泡立て器を使います。ハンドミキサーよりも泡立て器のほうが、メレンゲの感触がより手に伝わります。

ボウル
お菓子作りに欠かせません。ステンレス製をサイズ違いでそろえておくと便利です。

回転台
焼きあがったシフォンケーキをデコレーションするときに使います。ケーキを台の上にのせて、回しながらデコレーションすると、とてもきれいに仕上げることができます。安定感のよいものを選びましょう。

パレットナイフ
クリームをぬるなど、シフォンケーキをデコレーションするときに使います。

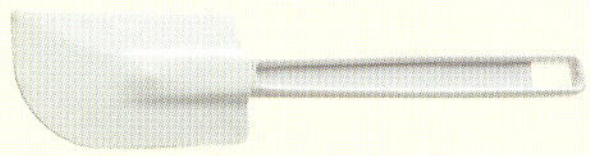

ゴムべら
生地を混ぜるほか、型に流すときなど材料にムダがあまり出ずに作業できるので、持っていると重宝します。耐熱製だと、材料を煮詰めるときなどにも使えて便利です。

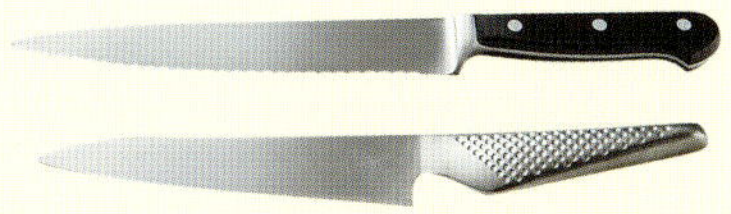

アルミ製

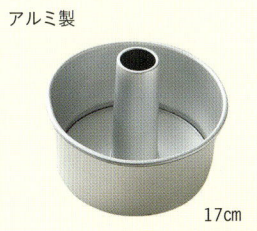

17cm　20cm　10cm

紙製

17cm　10cm

ナイフ
ケーキを切り分けるには、刃の厚さが薄いものが適しています。波刃(刃が波型になっているもの、写真上)のものもおすすめです。

シフォンケーキ型
一般に日本では、中央に筒のある型がシフォンケーキ専用として知られています。中央に筒があることで、型の外側と内側から熱が入ってうまく焼けます。いちばん使いやすいのはアルミ製です。フッ素樹脂加工のものは、生地がはがれやすいので不向きです。プレゼントには紙製の型も便利です。紙製は熱伝導率が悪いので、焼き時間を長めにしましょう。また火通りが悪いので、固形物が入るシフォンケーキは避けてください。この本では、直径17cm型を基準に作り方を紹介しています。20cm型は家庭用オーブンに入らないこともあるので注意しましょう。なお、10cm型は、17cm型1台分の生地で4台作ることができます。

デジタルスケール
1g単位で計量できるものがおすすめ。容器の重さを引いて計量ができる風袋消去機能つきが便利です。

小沢 のり子
Noriko Ozawa

東京・池袋のLa Famille（ラ・ファミーユ）オーナーシェフ。25年近く前にアメリカのシフォンケーキに出会い、本場のレシピを知る。その後、単身フランスに渡り、家庭やお店のお菓子作りの現場で学んだ後、帰国。できるだけ添加物を使わないシフォンケーキのレシピの研究を重ね、1998年に「La Famille」を開店し、ふわふわ食感のシフォンケーキが人気となる。

La Famille　ラ・ファミーユ
住所　東京都豊島区西池袋3-4-6 今村ビル1F
TEL・FAX　03-5958-0431
HP　http://www.la-famille.com
定期的にお菓子教室を行っています。基本コースでプレーンシフォンケーキ（p.6-13）を学んだ後、応用コースでアレンジシフォンケーキ等のレシピを習うことができます。お菓子教室の日程は、ホームページや電話で確認してください。

STAFF
アートディレクション●大薮胤美（フレーズ）
デザイン●菅谷真理子、瀬上奈緒（フレーズ）
撮影●竹内章雄
スタイリング●八木佳奈
イラスト●坂本奈緒
お菓子制作アシスタント●小沢照美
協力●古居由紀（家政学修士、食品アドバイザー）
編集協力●平山祐子

撮影協力（家具）
アワビーズ　TEL 03-5786-1600

おいしく作れる！
専門店のシフォンケーキ

2011年11月17日　初版発行
2021年 8月30日　5版発行

著　者　小沢のり子
発行者　鈴木伸也
発行所　株式会社大泉書店
　　　　〒105-0004　東京都港区新橋5-27-1
　　　　新橋パークプレイス2F
　　　　TEL　03-5577-4290（代）
　　　　FAX　03-5577-4296
　　　　振替　00140-7-1742
印刷・製本　株式会社シナノ

本書を無断で複写（コピー・スキャン・デジタル化等）することは、著作権法上認められている場合を除き、禁じられています。小社は、著者から複写（コピー・スキャン・デジタル化等）に係わる権利の管理につき委託を受けていますので、複写される場合は、必ず小社にご連絡ください。
＊落丁・乱丁本は小社にてお取替えします。
＊本書の内容についてのご質問は、ハガキまたはFAXでお願いします。

URL　http://www.oizumishoten.co.jp/

ISBN978-4-278-03788-3　C0077
©2011 Noriko Ozawa Printed Japan